LOS NIÑOS Y LA CIENCIA
Los cambios de la Tierra

Cómo los VOLCANES dan forma a la Tierra

Megan Cuthbert y Jared Siemens

www.av2books.com

El enriquecido libro electrónico AV² te ofrece una experiencia bilingüe completa entre el inglés y el español para aprender el vocabulario de los dos idiomas.

This AV² media enhanced book gives you a fully bilingual experience between English and Spanish to learn the vocabulary of both languages.

Visita nuestro sitio www.av2books.com e ingresa el código único del libro.
Go to www.av2books.com, and enter this book's unique code.

CÓDIGO DEL LIBRO
BOOK CODE

R958788

AV² de Weigl te ofrece enriquecidos libros electrónicos que favorecen el aprendizaje activo.
AV² by Weigl brings you media enhanced books that support active learning.

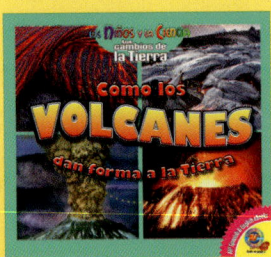 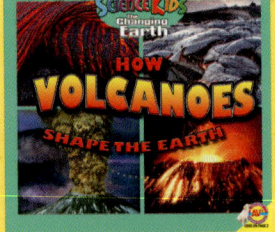

Spanish   English

Navegación bilingüe AV²
AV² Bilingual Navigation

CERRAR CLOSE

INICIO HOME

OPCIÓN DE IDIOMA LANGUAGE TOGGLE

CAMBIAR LA PÁGINA PAGE TURNING

VISTA PRELIMINAR PAGE PREVIEW

Copyright ©2016 AV² de Weigl. Library of Congress Cataloging-in-Publication Data se encuentra en la página 24.
Copyright ©2016 AV² by Weigl. Library of Congress Cataloging-in-Publication Data is located on page 24.

ÍNDICE

2 Código del libro de AV²

4 ¿Cómo los volcanes dan forma a la Tierra?

6 ¿Qué origina a los volcanes?

8 ¿Qué forma tiene un volcán?

10 ¿Dónde se forman los volcanes?

12 ¿Qué tipos de volcanes hay?

14 ¿Qué se ve cuando un volcán entra en erupción?

16 ¿Cómo los volcanes crean tierras?

18 ¿De qué otra forma afectan los volcanes a la Tierra?

20 ¿Cómo me puedo proteger cuando un volcán entra en erupción?

22 Datos sobre los volcanes

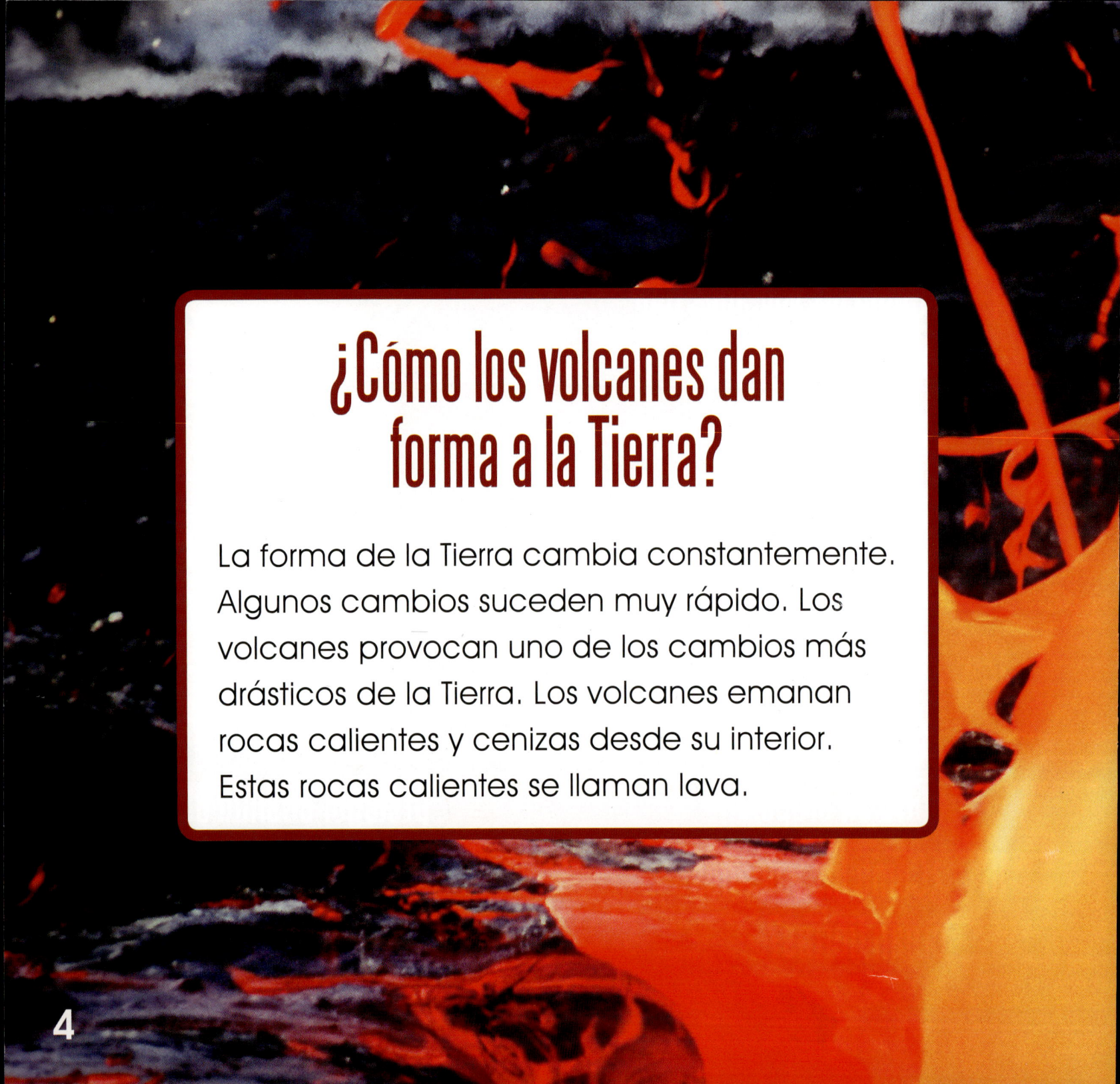

¿Cómo los volcanes dan forma a la Tierra?

La forma de la Tierra cambia constantemente. Algunos cambios suceden muy rápido. Los volcanes provocan uno de los cambios más drásticos de la Tierra. Los volcanes emanan rocas calientes y cenizas desde su interior. Estas rocas calientes se llaman lava.

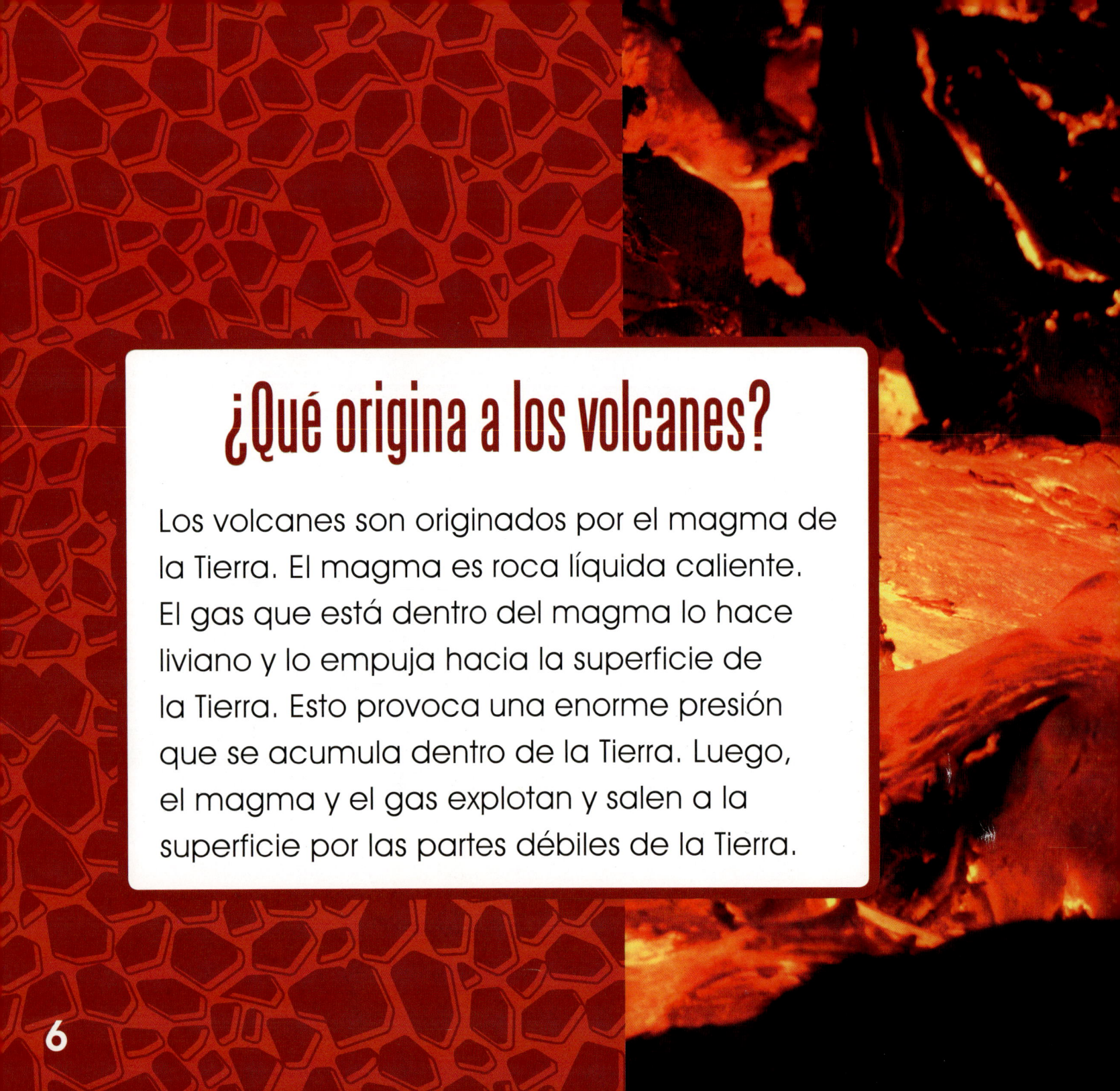

¿Qué origina a los volcanes?

Los volcanes son originados por el magma de la Tierra. El magma es roca líquida caliente. El gas que está dentro del magma lo hace liviano y lo empuja hacia la superficie de la Tierra. Esto provoca una enorme presión que se acumula dentro de la Tierra. Luego, el magma y el gas explotan y salen a la superficie por las partes débiles de la Tierra.

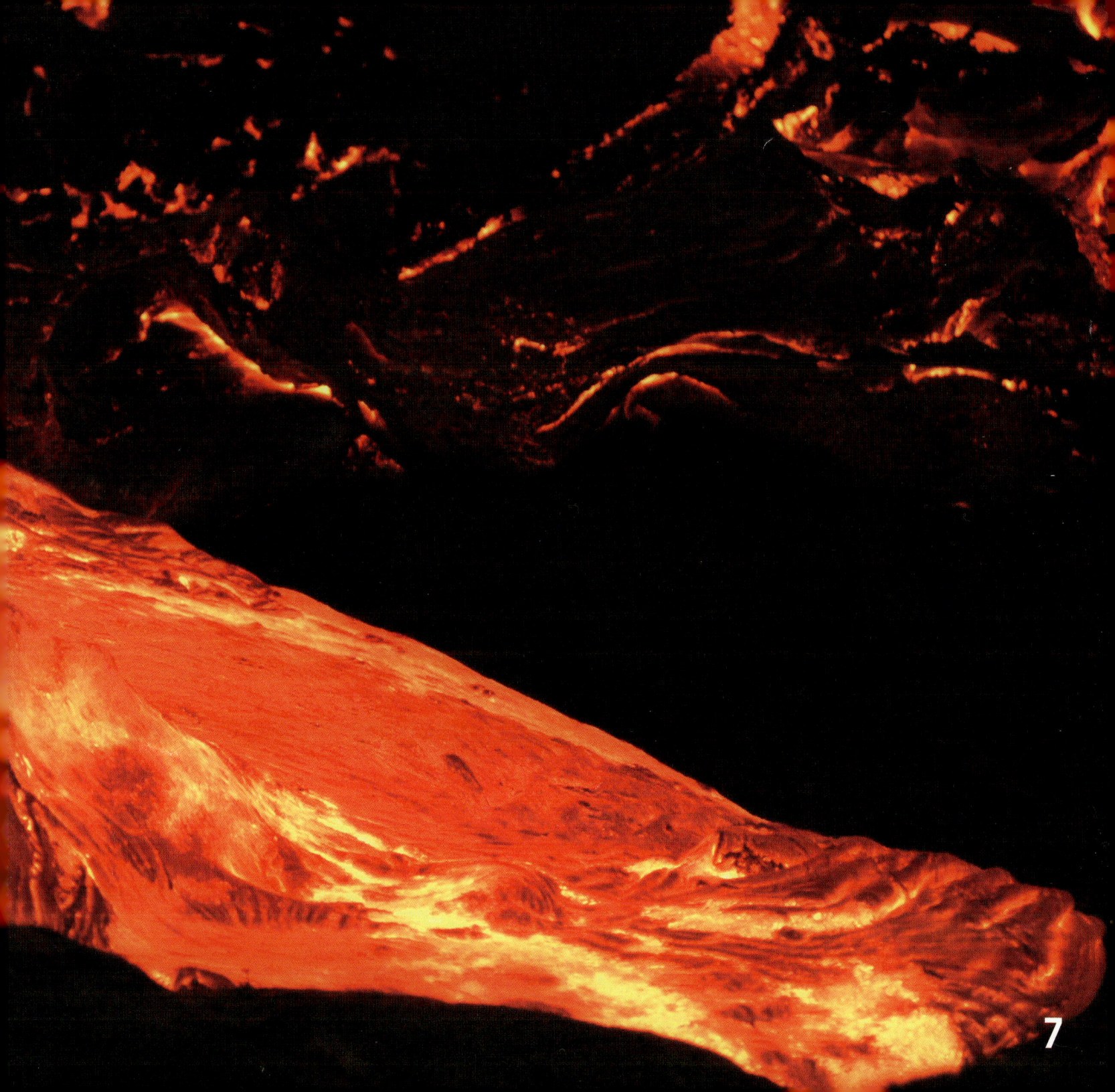

¿Qué forma tiene un volcán?

La mayoría de los volcanes tiene forma de cono. Los conos tienen una base ancha y una punta angosta. En la punta del volcán hay una boca por donde sale la lava. La lava se derrama por las laderas del volcán y forma una nueva capa de rocas cuando se enfría. Los volcanes se hacen más grandes con el tiempo a medida que se va acumulando la lava que sale de su boca.

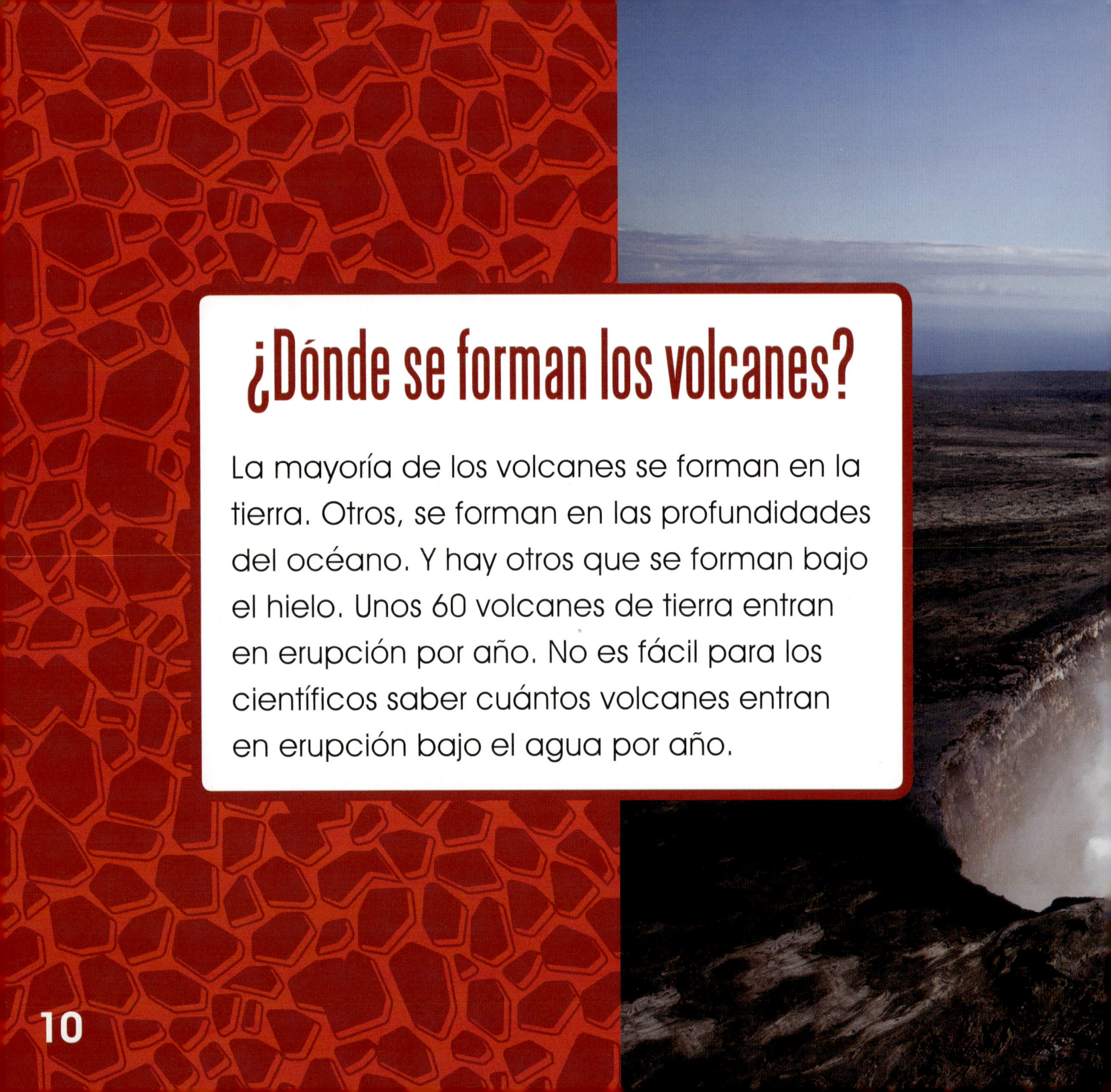

¿Dónde se forman los volcanes?

La mayoría de los volcanes se forman en la tierra. Otros, se forman en las profundidades del océano. Y hay otros que se forman bajo el hielo. Unos 60 volcanes de tierra entran en erupción por año. No es fácil para los científicos saber cuántos volcanes entran en erupción bajo el agua por año.

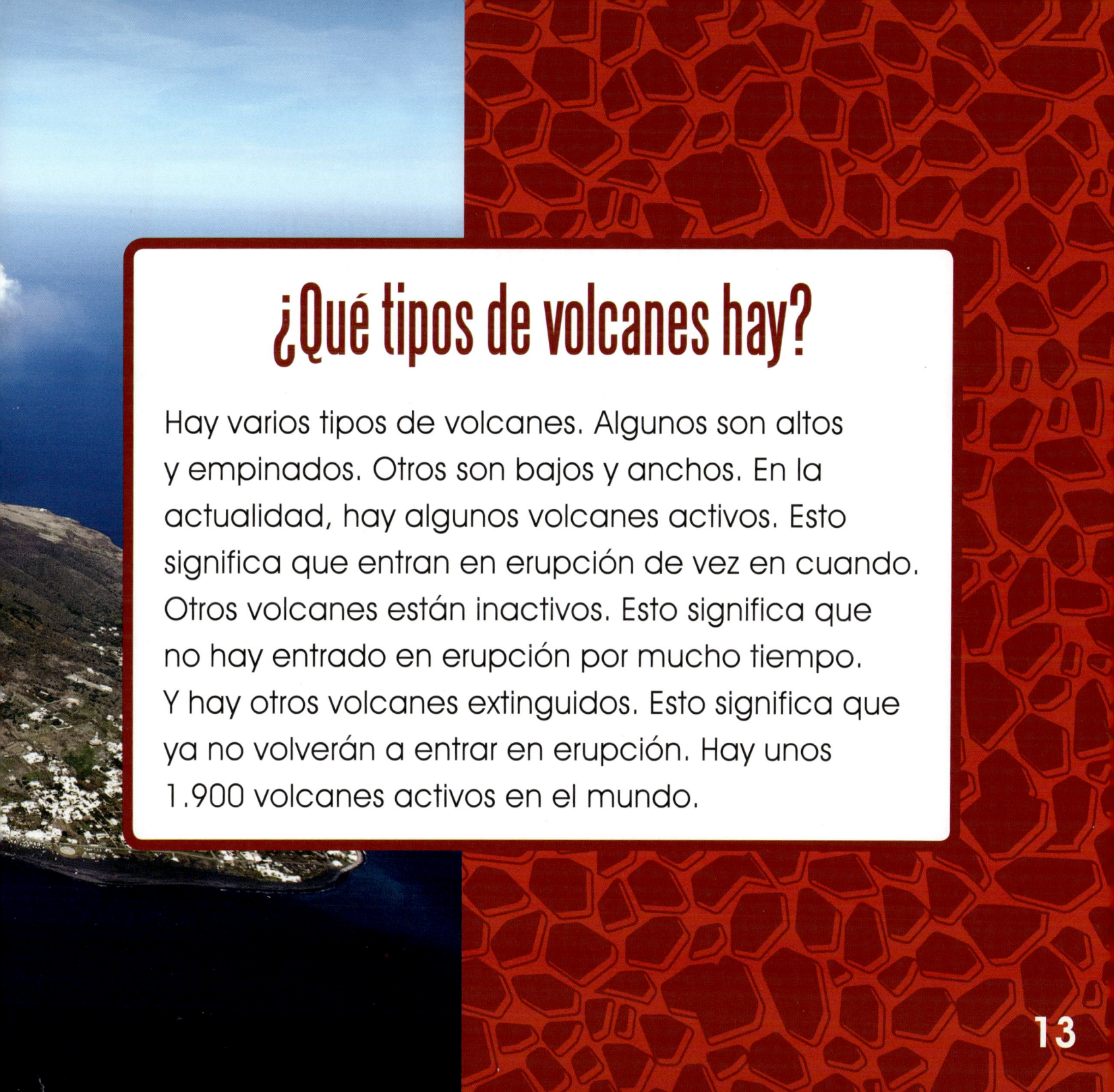

¿Qué tipos de volcanes hay?

Hay varios tipos de volcanes. Algunos son altos y empinados. Otros son bajos y anchos. En la actualidad, hay algunos volcanes activos. Esto significa que entran en erupción de vez en cuando. Otros volcanes están inactivos. Esto significa que no hay entrado en erupción por mucho tiempo. Y hay otros volcanes extinguidos. Esto significa que ya no volverán a entrar en erupción. Hay unos 1.900 volcanes activos en el mundo.

¿Qué se ve cuando un volcán entra en erupción?

Cuando un volcán erupciona, se ve humo, fuego y lava. La lava fluye por las laderas del volcán. Algunas corrientes de lava pueden llegar a desplazarse a 18 millas por hora (30 kilómetros por hora). La lava está tan caliente que destruye todo lo que encuentra en su camino. Las cenizas del volcán pueden viajar miles de millas por el aire. Respirar las cenizas es peligroso porque contienen pedacitos de roca y vidrio.

15

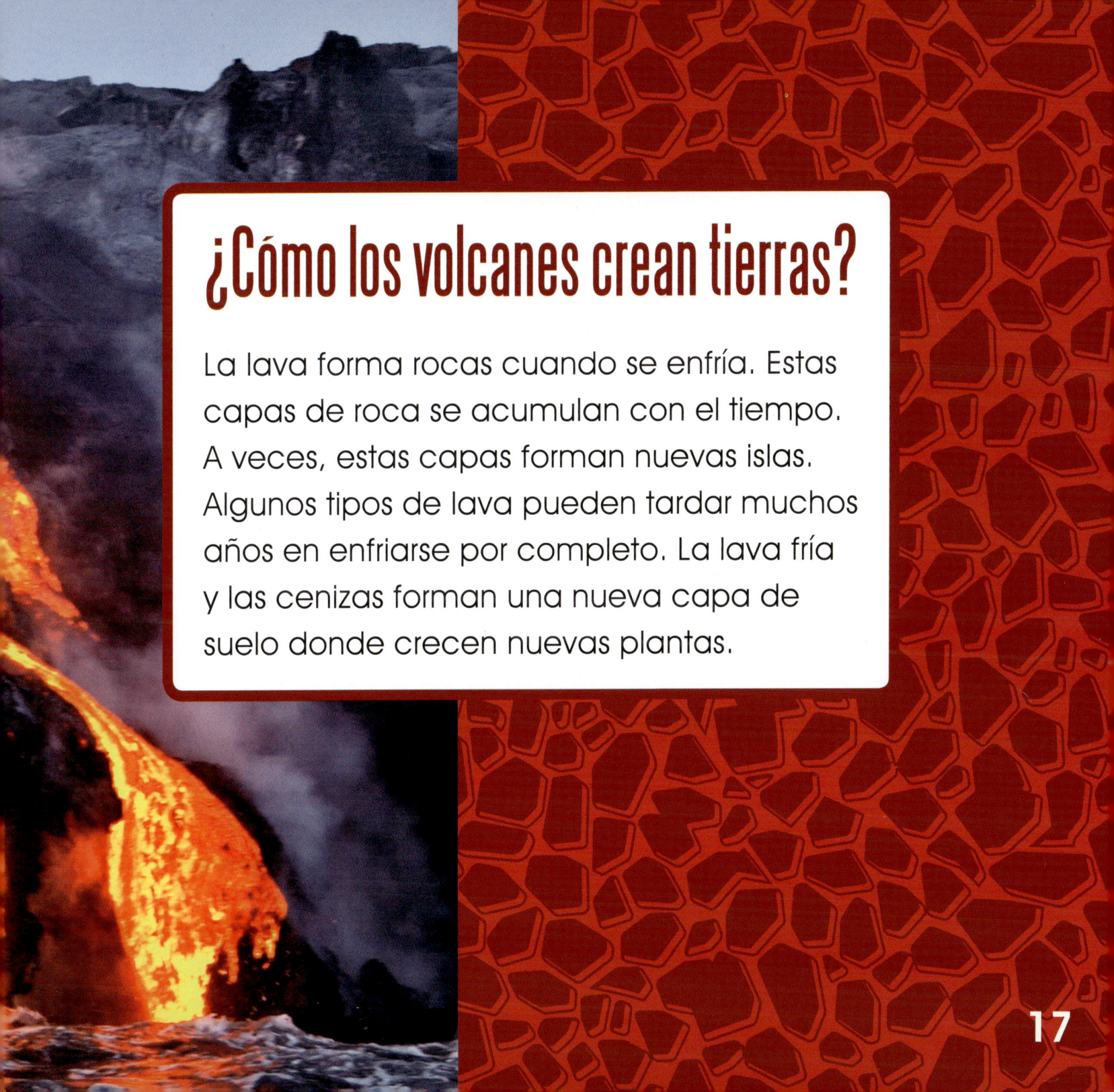

¿Cómo los volcanes crean tierras?

La lava forma rocas cuando se enfría. Estas capas de roca se acumulan con el tiempo. A veces, estas capas forman nuevas islas. Algunos tipos de lava pueden tardar muchos años en enfriarse por completo. La lava fría y las cenizas forman una nueva capa de suelo donde crecen nuevas plantas.

¿De qué otra forma afectan los volcanes a la Tierra?

Los volcanes recalientan la tierra cuando hacen erupción. A veces, los volcanes provocan aluviones de lodo que entierran a pueblos enteros. Un volcán puede crear una nube de cenizas capaz de bloquear el sol. Los gases nocivos de la nube de cenizas pueden mezclarse con la lluvia. Esta lluvia puede dañar a las cosechas y a los animales.

¿Cómo me puedo proteger cuando un volcán entra en erupción?

Vivir cerca de un volcán activo puede ser muy peligroso. A veces, la gente debe abandonar sus casas. El humo y las cenizas pueden afectar incluso a las personas que viven lejos. Hay varias cosas que se deben hacer cuando un volcán entra en erupción. Es importante escuchar a las autoridades. Ellas sabrán cuál es la mejor forma de protegerse.

DATOS SOBRE LOS VOLCANES

Estas páginas contienen más detalles sobre los interesantes datos de este libro. Están dirigidas a los adultos para que ayuden a los jóvenes lectores a redondear sus conocimientos sobre cada fenómeno natural presentado en la serie *Los niños y la ciencia: Los cambios de la Tierra*.

Páginas 4–5

¿Cómo los volcanes dan forma a la Tierra? La superficie terrestre está cambiando constantemente. Hay fuerzas, tanto en la superficie como subterráneas, que modifican los terrenos. Muy por debajo de la superficie, el movimiento de las placas tectónicas provoca el desplazamiento de las tierras. Esto origina terremotos y volcanes. Los volcanes son aberturas en la superficie terrestre por donde salen rocas calientes y cenizas provenientes del interior de la Tierra. Estas fuerzas cambian la forma de la superficie terrestre muy rápidamente.

Páginas 6–7

¿Qué origina a los volcanes? La Tierra está compuesta por muchas capas. La superficie terrestre se apoya sobre grandes placas, llamadas placas tectónicas, que se encuentran a una gran profundidad dentro de la Tierra. Estas placas tectónicas encajan como en un rompecabezas. Están en constante movimiento. Por debajo de las placas hay una capa de rocas calientes, llamada magma. El magma se abre paso a través de los puntos débiles de las placas tectónicas. Esto suele ser cerca de los bordes de las placas. El magma sale a la superficie formando un volcán. El magma liberado a través de la superficie se llama lava. La lava puede alcanzar los 2.200 grados Fahrenheit (1.200 grados Celsius). Esto es lo suficientemente caliente como para cocinar una salchicha en un segundo.

Páginas 8–9

¿Qué forma tiene un volcán? La forma de un volcán depende de varios factores. Estos son: la cantidad de lava y cenizas que emana el volcán por su boca, el tiempo que transcurre entre una erupción y otra, la forma de la boca, la intensidad de la erupción y la consistencia del material que sale del volcán. Todos los volcanes tienen un cráter, o boca, en la cima por donde sale la lava, y una cámara magmática debajo, donde se acumula la presión del calor y el gas. También tienen una chimenea central por donde viaja la lava desde la cámara magmática para salir por el cráter.

Páginas 10–11

¿Dónde se forman los volcanes? Casi el 75 por ciento de los volcanes se encuentran en el Cinturón de Fuego del Pacífico. Esta región tiene aproximadamente una 25.000 millas (40.000 km) de largo, alrededor del Océano Pacífico. El Cinturón de Fuego del Pacífico está cerca de los principales bordes tectónicos, que es donde chocan las placas de la corteza terrestre. Se cree que la mayoría de los terremotos y de la actividad volcánica de esta región se produce por el movimiento de las placas tectónicas, que se deslizan, chocan y separan.

Páginas 12–13

¿Qué tipos de volcanes hay? Hay tres tipos de volcanes. Los estratovolcanes están formados por capas de lava que corre por las laderas del volcán. Los estratovolcanes tienen laderas empinadas y pueden ser muy altos. Los volcanes cineríticos no son tan altos como los estratovolcanes y suelen tener chimeneas a los costados en lugar de en la cima. Los volcanes escudo son unos de los volcanes más grandes. Están formados por varias capas de lava muy líquida que recorre largas distancias formando una base ancha.

Páginas 14–15

¿Qué se ve cuando un volcán entra en erupción? Los volcanes lanzan cenizas al aire. Las cenizas pueden viajar a más de 17 millas (30 km) por hora. También pueden lanzar trozos de lava por el aire. La lava y las cenizas fluyen por las laderas del volcán. En general, las 20 millas (32 km) que rodean a la boca del volcán son las más peligrosas. La corriente de lava y cenizas calientes pueden aumentar esta distancia. Según las estimaciones de los científicos, unas 260.000 personas han muerto en los últimos 300 años a causa de la actividad volcánica.

Páginas 16–17

¿Cómo los volcanes crean tierras? Los volcanes producen ríos de lava y cenizas que recubren la tierra. Pueden provocar aluviones de barro y desprendimiento de piedras que alteran el paisaje. Si bien los volcanes inicialmente destruyen la mayoría de las plantas, la nueva capa de suelo volcánico enfriada es muy rica en nutrientes. El suelo volcánico es bueno para el desarrollo de nuevas plantas y cosechas. El lago de lava que se formó con la erupción del Klauea Iki en 1959 tardó aproximadamente 35 años en enfriarse y endurecerse por completo debido a que la lava tiene una profundidad de 400 pies (120 m).

Páginas 18–19

¿De qué otra forma afectan los volcanes a la Tierra? Más del 80 por ciento de la superficie terrestre fue formada por los volcanes. Los volcanes generan una acumulación de capas de lava enfriada. Los volcanes han ayudado a formar varias islas, como las del estado de Hawái. Los volcanes continúan formando nuevas islas y suelos oceánicos, y prolongan las líneas costeras. Los aluviones volcánicos se llaman lahares.

Páginas 20–21

¿Cómo me puedo proteger cuando un volcán entra en erupción? Los volcanes pueden ser muy peligrosos. Las personas que viven cerca de volcanes deben tener un plan de evacuación. Si un volcán entra en erupción, lo mejor es evitar los lechos de ríos y valles donde es muy posible que se viertan las corrientes de lava y los aluviones. Las cenizas y gases de los volcanes son muy nocivos. La gente debe tratar de quedarse adentro con las ventanas, puertas y ventilaciones cerradas para evitar que entren las cenizas y los gases. Se deben tener ciertos suministros disponibles en caso de erupción, como comida, agua, una linterna con baterías de repuesto, máscaras anti-polvo, gafas y un kit de primeros auxilios.

¡Visita www.av2books.com para disfrutar de tu libro interactivo de inglés y español!
Check out www.av2books.com for your interactive English and Spanish ebook!

1 Entra en www.av2books.com
Go to www.av2books.com

2 Ingresa tu código
Enter book code

R 9 5 8 7 8 8

3 ¡Alimenta tu imaginación en línea!
Fuel your imagination online!

www.av2books.com

Published by AV² by Weigl
350 5th Avenue, 59th Floor New York, NY 10118
Website: www.av2books.com   www.weigl.com

Copyright ©2016 AV² by Weigl
All rights reserved. No part of this publication may be reproduced, stored in a retrieval system, or transmitted in any form or by any means, electronic, mechanical, photocopying, recording, or otherwise, without the prior written permission of the publisher.

Library of Congress Control Number: 2014950000

ISBN 978-1-4896-2751-3 (hardcover)
ISBN 978-1-4896-2752-0 (single-user eBook)
ISBN 978-1-4896-2753-7 (multi-user eBook)

Printed in the United States of America in North Mankato, Minnesota
1 2 3 4 5 6 7 8 9 0 18 17 16 15 14

Project Coordinator: Jared Siemens
Spanish Editor: Translation Cloud LLC
Designer: Mandy Christiansen

112014
WEP020914

Every reasonable effort has been made to trace ownership and to obtain permission to reprint copyright material. The publishers would be pleased to have any errors or omissions brought to their attention so that they may be corrected in subsequent printings.

Weigl acknowledges Getty Images as the primary image supplier for this title.